INTERCESIÓN PROFÉTICA

MARISELA PRADO

INTERCESIÓN PROFÉTICA

Marisela Prado

LETRA

INTERCESIÓN PROFÉTICA

El Señor ha puesto un poder en nuestra boca para producir vida o para dar muerte. Lo que nosotros confesemos será lo que obtendremos, por eso es importante que declaremos la palabra de Dios continuamente, y así recibiremos sus promesas. Nuestras palabras son semillas que dan fruto de vida o de muerte.

"Rebosa mi corazón palabra buena; dirijo al rey (Jesucristo) mi canto; mi lengua es pluma de escribiente muy ligero. Eres el más hermoso de los hijos de los hombres (Jesucristo); la gracia se derramó en tus labios; por tanto, Dios te ha bendecido para siempre. Cíñete tu espada (La palabra de Dios) sobre el muslo, oh valiente, con tu gloria y con tu majestad. En tu gloria sé prosperado; cabalga sobre palabra de verdad, de humildad y de justicia, y tu diestra te enseñará cosas terribles. Tus saetas agudas, con que caerán pueblos debajo de ti, penetrarán en el corazón de los enemigos (Satanás y su ejército demoníaco) del Rey"...

Salmo 45: 1-5

ÍNDICE

DEDICATORIA

Dedico este libro a todas aquellas personas que movidos por la misericordia y el amor al prójimo desean entrenarse en la preciosa labor de la intercesión profética.

INTRODUCCIÓN

La intercesión profética consiste en el hecho de poder acudir delante de Dios mediante la oración, buscando su favor para otra persona, pueblos y naciones.

Se le llama intercesión profética por cuanto se hacen declaraciones sobre situaciones o circunstancias aplicando el poder de la palabra de Dios, la profecía más segura para arrancar, destruir, arruinar todo lo que los seres espirituales malignos han implantado en la vida de las personas y en el mundo para detener la obra redentora de Jesucristo y así mismo dar a conocer el plan de Dios, para alcanzar a la humanidad plantando en ellos todos los buenos propósitos que el Señor ha dispuesto con la finalidad de restaurar y edificar sus vidas; para tal fin, se hace indispensable conocer el sagrado libro: La Biblia, que es la espada del Espíritu de Dios, una de las armas más poderosas en las manos del creyente.

El profeta más grande, Gran Sumo Sacerdote e intercesor eterno, nuestro Señor Jesucristo, nos dejó con su ejemplo dirigirnos al Padre a través de la oración, Él también declaraba la palabra de Dios sobre las circunstancias obteniendo respuestas asombrando a muchos con el respaldo de Dios Padre en la manifestación y cumplimiento de cada palabra declarada por su boca.

Siguiendo sus enseñanzas, muchos hombres y mujeres de la historia llegaron a ser grandes intercesores, todos los creyentes estamos llamados a ser intercesores. En el libro de Santiago 5:16 se nos exhorta a que oremos unos por otros, y esta recomendación va acompañada de una gran afirmación del apóstol Santiago: "LA ORACIÓN EFICAZ DEL JUSTO PUEDE MUCHO".

En este libro, usted encontrará una guía con fundamento bíblico que le ayudará en la intercesión eficaz. ¡Espero que sean muy bendecidos con este material!

CAPÍTULO I

Interceder es intervenir a favor de alguien, rogar o mediar por otro; es hacer vallado de protección alrededor de alguno, es tomar el lugar de otra persona para suplicar, defender su causa, librar su batalla con la certeza de que Dios vendrá para socorrerle.

INTERCESIÓN Y ORACIÓN

1 Pedro 3:12

"Porque los ojos del Señor están sobre los justos, y sus oídos atentos a sus oraciones; pero el rostro del Señor está contra aquellos que hacen mal".

Muchas personas pretenden hacer intercesión a favor de otros sin saber que en la intercesión se libran grandes batallas espirituales para lo cual es necesario estar debidamente preparados, en primer lugar es de vital importancia estar a cuentas con Dios para obtener su respaldo (vengan, pongamos las cosas en claro, dice el Señor, ¿son sus pecados como escarlata, quedarán blancos como la nieve?, ¿son rojos como la púrpura, quedarán como la lana?, ¿están ustedes dispuestos a obedecerle? Comerán lo mejor de la tierra, se niegan y se revelan, serán devorados por la espada, el Señor mismo lo ha digo, Isaías 1:18-20 NVI).

En segundo lugar debemos conocer las herramientas o armas espirituales necesarias para entrar en combate, de lo contrario nos estaríamos exponiendo a ser humillados, burlados, maltratados o agredidos físicamente por los seres espirituales de maldad (ver Efesios 6:10-20).

En Tercer lugar, debemos actuar siempre con la certeza de que Dios está con nosotros para librar la mayor batalla (Éxodo 14:14) Una recomendación indispensable: es necesario conocer cómo usar la palabra de Dios que es la espada de su espíritu.

A continuación revisaremos algunos fundamentos bíblicos parala intercesión:

1 Pedro 4:7
"Sed, pues, sobrios y velad en oración"

*** Jesús, nuestro mejor ejemplo de oración**
- Oraba en todo tiempo. **Lucas   18:1:   Mateo 26:36-44**
   - Oraba en la mañana   **Marcos 1:35**
   - Oraba en la tarde   **Mateo 14:23**
   - Oraba en la noche   **Lucas 6:12**

*** Toda oración debe ser dirigida al padre en el nombre de Jesús.**

Juan 16:23-24, Jesús dijo: "en aquel día no me preguntarán nada. De cierto, de cierto les digo, que todo cuanto pidan al Padre en mi nombre, se los dará. Hasta ahora nada han pedido en mi nombre; pidan y recibirán, para que su gozo (el de ustedes) sea cumplido".

Romanos 8:32; Juan 14:13-14

Jesús mismo ha garantizado las respuestas a todas nuestras oraciones.

¿Para qué debemos Orar?
Para:

*** Que la voluntad de Dios sea hecha aquí en la tierra** (Declarando su Reino).

Lucas 11:2, Jesús dijo: "Cuando oren, digan Padre Nuestro que estas en los cielos, santificado sea tu nombre. Venga tu reino. Hágase tu voluntad, como en el cielo, así también en la tierra…"

* **Ser llenos del Espíritu Santo**
Lucas 11:13
Jesucristo dijo que el padre daría el Espíritu Santo a los que lo Pidieran
Efesios 5:18
"Sed llenos del Espíritu Santo"

* **Abrir las puertas al evangelismo**
Colosenses 4:2-4 "Perseveren en la oración, velando en ella con acción de gracias; orando también al mismo tiempo por nosotros, para que el Señor nos abra puertas para la palabra, a fin de dar a conocer el misterio de Cristo por el cual estoy preso, para que lo manifieste como debo hablar."
2Tesalonicenses 3:1-2; 2Tesalonicenses 1:11-12; Efesios 6:18

* **Fortalecernos en cualquier situación**
Lucas 22:44 "Y estando en agonía (Jesús) oraba más intensamente; y era su sudor como grandes gotas de sangre que caían hasta la tierra".

* **Obtener respaldo de Dios**
Hechos 9:40-41 "Entonces sacando a todos Pedro se puso de rodillas y oró; y volviéndose al cuerpo, dijo: tabita, levántate. Y ella abrió los ojos, y al ver a Pedro, se incorporó, y él, dándole la mano la levanto; entonces, llamando a los Santos y a las viudas, la presentó viva".

Romanos 15:30-32; Santiago 5:17-18

*** Que Dios nos haga Justicia**

Lucas 18:1-7, (Nos relata la parábola de una viuda y un juez injusto, y ella venía a él a pedir que le hiciera justicia de su adversario. Fue tanta la insistencia de esta viuda ante el juez que él decidió hacerle justicia diciendo: "esta viuda me es molesta, le haré justicia, no sea que viniendo de continuo, me agote la paciencia".)

"¿Y acaso Dios no hará justicia a sus escogidos, que claman a él día y noche? ¿Se tardará en responderles?

Esta parábola nos enseña también la necesidad de orar siempre sin desmayar.

*** No caer en tentación**

Lucas 22:40, Jesús dijo: "Oren para que no entren en tentación."

*** Tomar decisiones según la voluntad de Dios**

Lucas 6:12-13 "En aquellos días (Jesús) fue al monte a orar, y pasó la noche orando a Dios y cuando era de día, llamó a sus discípulos, y escogió a doce de ellos, a los cuales también llamó apóstoles".

Hechos 1:24; Hechos 13:2-3; Hechos 14:2

*** Sanidad de los enfermos** (del cuerpo y del alma)

Santiago 5:16 "Confiesen sus ofensas unos a otros, y oren unos por otros, para que sean sanados. La oración eficaz del justo puede mucho".

Hechos 28:8-9

*** Entregar nuestros problemas a Dios**
Filipenses 4:6-7 "Por nada estén afanosos, sino sean conocidas sus peticiones delante de Dios en toda oración y ruego, con acción de gracia y la paz de Dios, que sobrepasa todo entendimiento, guardará sus corazones (sentimientos) y sus pensamientos en Cristo Jesús".
1Pedro 5:7; Santiago 5:13-16

*** Recibir liberación y liberar a otros**
Proverbios 28:13 "El que encubre sus pecados no prosperará; mas el que los confiesa y se aparta alcanzará misericordia".
Salmo 32:5-7 "Mi pecado declaré y no encubrí mi iniquidad. Dije: confesaré mis transgresiones a Jehová; y tú perdonaste la maldad de mi pecado. Por esto orará a ti todo Santo (todo creyente) en el tiempo en que puedas ser hallado; ciertamente en la inundación de muchas aguas (por grandes que sean los problemas) no llegarán estas a él (no te ahogaras en ellos). Tú eres mi refugio; me guardarás de la angustia; con cánticos de liberación me rodearás".
Salmo 69:13-15; Salmo 91: 14-16

*** Solicitar el favor de Dios ante el conflicto**
1 Reyes 8:44-45 "Si tu pueblo saliere en batalla contra sus enemigos por el camino que tú le mandes, y oraren a Jehová con el rostro hacia la ciudad que tú elegiste, y hacia la casa que yo edifique a tu nombre,

(intercesión profética) tú oirás en los cielos su oración y su súplica, y les harás justicia".

2Reyes 6:18; 2Reyes 13:4-5; Daniel 6: 10-28; Jonás 2: 1-10

*** La Oración es escuchada por Dios, lo cual nos garantiza una respuesta**

1 Reyes 8:28-30 "Con todo, tú atenderás a la oración de tu siervo, y a su plegaria, ¡oh Jehová, Dios mío!, oyendo el clamor y la oración que tu siervo hace hoy delante de ti; que estén tus ojos abiertos de noche y de día sobre esta casa, sobre este lugar del cual has dicho: mi nombre estará allí; y que oigas la oración que tu siervo haga en este lugar. Oye, pues, la oración de tu siervo, y de tu pueblo Israel; cuando oren en este lugar, también tú lo oirás en el lugar de tu morada en los cielos; escucha y perdona".

2Crónicas 7:14-15; Salmo 102: 17-22; Isaías 38:2-5; Habacuc 2:1

¿Cómo debemos Orar?

*** Creyendo que recibiremos la respuesta**

Hebreos 4:16 "Acerquémonos, pues, confiadamente al trono de la gracia, para alcanzar misericordia y hallar gracia para el oportuno socorro".

Santiago 1:6-8; Marcos 11:24

*** Conforme a la palabra de Dios** (Para conocer la voluntad del Señor y afirmarse en sus promesas)

1 Juan 5:14-15 "Y esta es la confianza que tenemos en él, que si pedimos alguna cosa conforme a su voluntad, él nos oye. Y si sabemos que él nos oye en cualquier cosa que pidamos, sabemos que tenemos las peticiones que le hayamos hecho".

Santiago 4:3; Jeremías 1:12; 2Corintios 1:20

*** En unidad** (Varias personas se ponen de acuerdo para orar juntas con los mismos propósitos)

Hechos 1:13-14 "Y entrados, subieron al aposento alto, donde moraban Pedro y Jacobo, Juan; Andrés, Felipe, Tomás, Bartolomé, Mateo, Jacobo hijo de Alfeo, Simón el zelote y Judas hermano de Jacobo. Todos estos perseveraban unánimes (en un mismo sentir) en oración y ruego, con las mujeres, y con María la madre de Jesús, y con sus hermanos".

Hechos 2:1-4 "Cuando llegó el día de Pentecostés, estaban todos unánimes juntos, y de repente vino del cielo un estruendo como de un viento recio que soplaba, el cual llenó toda la casa donde estaban sentados; y se les aparecieron lenguas repartidas, como de fuego, asentándose sobre cada uno de ellos, y fueron todos llenos del Espíritu Santo, y comenzaron a hablar en otras lenguas, según el Espíritu les daba que hablasen".

Hechos 4:23-31; Salmo 133:1-3

*** En acuerdo**

Mateo 18:19-20, Jesús dijo: "Otra vez les digo, que si dos de ustedes se pusieren de acuerdo en la tierra acerca de cualquier cosa que pidieren, les será hecho por mi Padre que está en los cielos. Porque donde están dos o tres congregados en mi nombre, allí estoy yo en medio de ellos".

Buscar a alguien con quien orar.

Especificar y ponerse de acuerdo en cuanto a cómo orar y que pedir.

Agradecer a Dios por la respuesta.

* Bajo la guía del Espíritu Santo

Judas 20 "Orando en todo tiempo con toda oración y súplica en el Espíritu, y velando en ello con toda perseverancia y súplica por todos los santos".

Efesios 6:18 "Pero ustedes, amados, edificándose sobre su santísima fe, orando en el Espíritu Santo".

Romanos 8:14-15

En algún momento el Espíritu Santo nos guía a orar por alguna situación en particular y de acuerdo a su voluntad.

Romanos 8:26-27

* Perseverando

Romanos 12:12 "Gozosos en la esperanza; sufridos en la tribulación; constantes en la oración".

Hechos 1:14

La Oración ferviente libró a Pedro de la cárcel.

Hechos 12:1-12; Colosenses 4:2-3; Efesios 6:18; Colosenses 1:9; 1Tesalonicenses 3:10

*El señor Jesús nos muestra en **Lucas 11:5-13** y **Lucas 18:1-8** la insistencia en la oración.*

* Intercediendo

(Esta oración consiste en acudir delante de Dios por otras personas).

Por los gobernadores

Por las autoridades

Por todas las personas en general

1 Timoteo 2:1-4,8 "Exhorto ante todo, a que se hagan rogativas, oraciones, peticiones y acciones de gracias, por todos los hombres; que están en eminencia (personas en posiciones claves para ejercer autoridad), para que vivamos quieta y reposadamente en toda piedad y honestidad. Porque esto es bueno y agradable delante de Dios nuestro salvador, el cual quiere que todos los hombres sean salvos y vengan al conocimiento de la verdad" "Quiero, pues, que los hombres oren en todo lugar, levantando manos santas, sin ira ni contienda".

2Crónicas 7:14

*** Por la iglesia** (todos los creyentes)

1 Tesalonicenses 1:2-3 "Damos siempre gracias a Dios por todos ustedes, haciendo memoria de ustedes en nuestras oraciones, acordándonos sin cesar delante del Dios y padre nuestro de la obra de la fe de ustedes, del trabajo de su amor y de su constancia en la esperanza de nuestro señor Jesucristo".

Efesios 1:16; Filipenses 1:4; 2 Timoteo 1:3; Colosenses 4:2-12

*** Por la unidad del creyente**

Juan 17:20-22 Jesús oró así "Mas no ruego solamente por estos, sino también por los que han de creer en mí por la palabra de ellos, para que todos sean uno; como tú, oh padre, en mí, y yo en ti, que también ellos sean uno en nosotros; para que el mundo crea que tú me enviaste. La gloria que me diste, yo les he dado, para que sean uno, así como nosotros somos uno".

*** Por nuestros familiares**

Hechos 16:30-32 "Y sacándolos, les dijo: Señores, ¿Qué debo hacer para ser salvo? Ellos dijeron: Cree en el señor Jesucristo, y serás salvo, tú y tu casa. Y le hablaron la palabra del Señor a él y a todos lo que estaban en su casa".

***- Por avivamiento**

Habacuc 3:2 Como oró el profeta Habacuc; "Oh, Jehová, he oído tu palabra, y temí. Oh Jehová, aviva tu obra en medio de los tiempos, en medio de los tiempos hazla conocer; en la ira acuérdate de la misericordia".

*** Por los Pueblos y Naciones.** (Intercediendo, pidiendo a Dios perdón por los pecados de nuestros pueblos y clamando por misericordia).

Éxodo 32:11-12 "Entonces Moisés oró en presencia de Jehová su Dios, y dijo: Oh Jehová, ¿Por qué se encenderá tu furor contra tu pueblo, que tú sacaste de la tierra de Egipto con gran poder y con mano fuerte? ¿Por qué han de hablar los Egipcios, diciendo: para mal los sacó; para matarlos en los montes, y para raerlos de sobre la faz de la tierra? Vuélvete del ardor de tu ira, arrepiéntete de este mal contra tu pueblo".

Deuteronomio 9:25-29; Nehemías 1:3-11; Daniel 9:1-19; Ezequiel 22:30

La intercesión se hace para mediar, proteger, cercar, cubrir a otros que necesitan el favor de Dios.

ORACION Y AYUNO

(Encontramos algunos ejemplos en la palabra de Dios, como sus siervos ayunaban y oraban antes de enfrentar algún problema, para buscar dirección de Dios y ser reconfortados por Él).

2 Corintios 20: 1-3; Esther 4:15-16; Daniel 10:2-3; Mateo 4:1-11; Hechos 27:33

Hechos 13:1-3 (Para ordenar personas en el ministerio).

LA ORACION Y LOS DONES DEL ESPÍRITU SANTO

La operación de los dones del Espíritu Santo es muy importante en la oración para que esta sea eficaz, pues el mismo Espíritu Santo nos ayuda a interceder según la voluntad de Dios para una situación determinada, garantizando una respuesta al problema.

Romanos 8:26-27; 1Corintios 12:1-13; 1Corintios 14:2,3,15; Hechos 2:17; Judas 20; Efesios 1:15-23; Efesios 3:1-12

INTERCESIÓN Y ALABANZA

En la intercesión es necesario reconocer y honrar a Dios por lo que Él es y por sus poderosos hechos.

* **La alabanza invita a Dios a tomar el control de nuestra vida y nuestro entorno, hace que él se manifieste en forma poderosa y sobrenatural.**

Salmo 34:1-8 "Bendeciré a Jehová en todo tiempo; su alabanza estará de continuo en mi boca. En Jehová se gloriará mi alma; lo oirán los mansos, y se alegrarán. Engrandezcan a Jehová conmigo, y exaltemos a una su nombre. Busqué a Jehová y él me oyó, y me libró de todos mis temores. Los que miraron a él fueron alumbrados, y sus rostros no fueron avergonzados. Este pobre clamó, y le oyó Jehová, y lo libró de todas sus angustias. El ángel de Jehová acampa alrededor de todos los que le temen, y los defiende. Prueben y vean que es bueno Jehová, dichoso el hombre que confía en él".

Éxodo 15:1-21

* **La alabanza es una fuente de vigor, fuerza, poder y añade valor para resistir la adversidad.**

Mateo 21:15-16 "Pero los principales sacerdotes y los escribas, viendo las maravillas que hacía, y a los muchachos aclamando en el templo y diciendo: ¡Hosanna el Hijo de David! Se indignaron, y le dijeron: ¿Oyes lo que éstos dicen? Y Jesús les dijo: Sí, ¿Nunca leyeron: de la boca de los niños y de los que maman perfeccionaste la alabanza?".

*En el **Salmo 8:2** lo dice de esta manera:* "De la boca de los niños y de los que maman, fundaste la fortaleza, a causa de tus enemigos, para hacer callar al enemigo y al vengativo".

Cuando se habla de los niños y los que maman, se hace mención de aquellos que en su condición natural no tienen el vigor y la fuerza suficiente para sustentarse sino que su dependencia es de Dios; de su poder y fuerza (Fortaleza).

*** Cuando alabamos a Dios en todo tiempo, le estamos permitiendo que nos traiga el descanso y el refrigerio para nuestra alma.**

Habacuc 3:17-19 "Aunque la higuera no florezca, ni en las vides haya frutos, aunque falte el producto del olivo, y los labrados no den mantenimiento, y las ovejas sean quitadas de la majada[1] y no haya vacas en los corrales; con todo, yo me alegraré en Jehová, y me gozaré en el Dios de mi salvación. Jehová el Señor es mi fortaleza, el cual hace mis pies como de ciervas, y en mis alturas me hace andar".

*** Cuando alabamos al Señor el ejecuta su justo juicio, él venga nuestros agravios.**

Salmo 89:13-18 "Tuyo es el brazo potente; fuerte es tu mano, exaltada tu diestra. Justicia y juicio son el cimiento de tu trono; misericordia y verdad van delante de tu rostro. Bienaventurado el pueblo que sabe

---

[1] Lugar que sirve de aprisco para los animales y de refugio para los pastores

aclamarte; andará, oh Jehová, a la luz de tu rostro. En tu nombre se alegrará todo el día, y en tu justicia será enaltecido. Porque tú eres la gloria de su potencia, y por tu buena voluntad acrecentarás nuestro poder. Porque Jehová es nuestro escudo, y nuestro rey es el Santo de Israel".

Deuteronomio 32:43; Romanos 12:19; Salmo 92:1-15

*** Cuando exaltamos a Dios, aprisionamos a los ejércitos de Satanás.**

Salmo 149:5-9 "Regocíjense los santos por su gloria, (la gloria de Jehová), y canten aun sobre sus camas. Exalten a Dios con sus gargantas, y espadas de dos filos en sus manos, para ejecutar venganza entre las naciones, y castigo entre los pueblos; para aprisionar a sus reyes con grillos, y a sus nobles con cadenas de hierro; para ejecutar en ellos el juicio decretado; gloria será esto para todos sus santos (la iglesia) ¡Aleluya!".

*** Cuando honramos, glorificamos, agradecemos, celebramos a Dios a pesar de cómo nos sentimos, estamos ofreciendo "Sacrificios de alabanza", estamos soltando nuestros problemas y en tanto él se ocupa de resolverlos.**

Hebreos 13:15 "Así que, ofrezcamos siempre a Dios, por medio de él, (Jesucristo) sacrificio de alabanza, es decir, frutos de labios que confiesen su nombre".

Salmo 50:14-15 "Sacrifica a Dios alabanza, y paga tus votos al Altísimo; (cumple a Dios lo que le prometiste); e invócame en el día de la angustia; te libraré, y tú me honrarás".

Salmo 5:11-12 "Pero alégrense todos los que en ti confían; den voces de júbilo para siempre, porque tú los defiendes; en ti se regocijen los que aman tu nombre. Porque tú, oh Jehová, bendecirás al justo; como con un escudo lo rodearás de tu favor".

Salmo 31:20 "En lo secreto de tu presencia los esconderás de la conspiración del hombre; los pondrás en un tabernáculo a cubierto de contención de lenguas".

Romanos 1:16-17 "Porque no me avergüenzo del evangelio, porque es poder de Dios para salvación de todo aquel que cree; porque en el evangelio la justicia de Dios se revela por fe y para fe, como está escrito: Mas el justo por la fe vivirá".

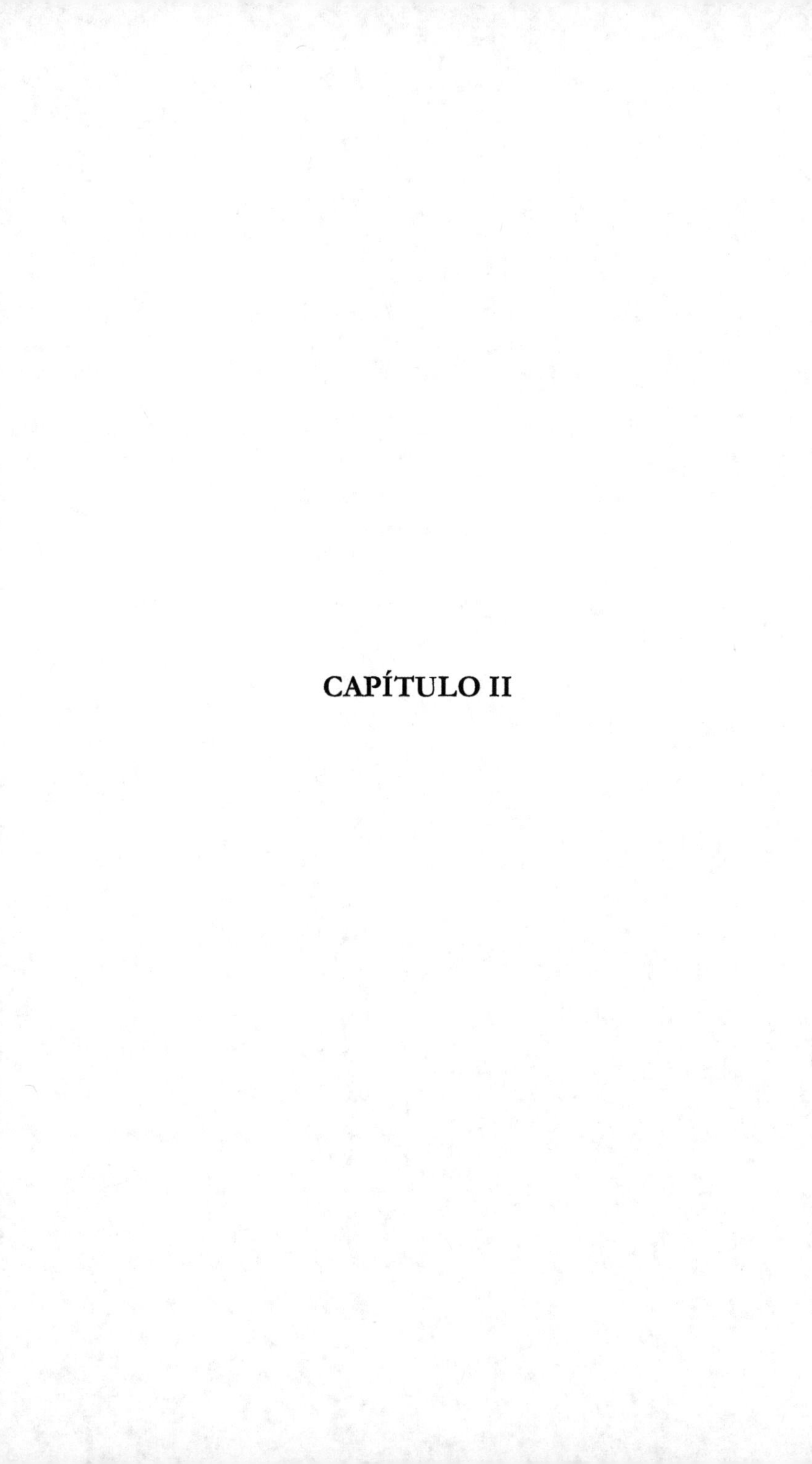

CAPÍTULO II

Para una intercesión eficaz es importante que conozcamos nuestra posición como iglesia, recordando siempre que nuestro fundamento es Jesucristo y sus enseñanzas basadas en el amor y el respeto al prójimo. Debemos evitar hacer oraciones de juicio o condenación. La intercesión debe ser guiada por la compasión y la misericordia, recordemos que estamos viviendo bajo la gracia redentora de nuestro Señor.

POSICIÓN DE LA IGLESIA

Es de vital importancia que, como iglesia, conozcamos nuestra posición en el campo de batalla espiritual; primeramente debemos recordar que no pertenecemos a este mundo, que nuestra ciudadanía está en el reino de los cielos (**Filipenses 3:20-21**) y que, como extranjeros en esta tierra, no podemos vivir conforme a su corriente pecaminosa (**1 pedro 2:11**); debemos asegurarnos de que estemos verdaderamente muertos al pecado (**Romanos 6:11-14; Gálatas 5:19-21**) y, conociendo nuestra identidad en Cristo, asumamos la posición que nos corresponde y pelearemos la batalla espiritual con más eficacia.

En el libro de 1 Samuel desde el capítulo 13 encontramos el relato acerca de la guerra entre el pueblo de Israel y los filisteos.

Notaremos que Jonatán tomó su posición de guerra, confiando solo en la cobertura de Dios. "Aconteció un día, que Jonatán, hijo de Saúl, dijo a su criado que le traía las armas: Ven y pasemos a la guarnición de los filisteos, que está de aquel lado. Y no lo hizo saber a su padre. Y Saúl se hallaba al extremo de Gabaa, debajo de un Granado que hay en Migrón, y la gente que estaba con él era como seiscientos hombres." **1 Samuel 14:1-2.**

Israel representaba el ejército de Dios y los filisteos el ejército Satánico. Saúl había tomado una posición pasiva, como muchos cristianos hoy día ("Mejor no molesto a Satanás porque se ensañará contra mí").

El enemigo siempre nos va a atacar y debemos responder a sus ataques tomando la autoridad en el nombre de Jesús; no podemos dejar de combatir porque entonces él podría vencernos.

No debemos detenernos a mirar las circunstancias, ni el número de nuestros enemigos sino que debemos confiar plenamente en el Señor y en el poder de su fuerza. "Dijo pues, Jonatán a su paje de armas: Ven, pasemos a la guarnición de estos incircuncisos; pues no es difícil para Jehová salvar con muchos o con pocos." **1 Samuel 14:6**

Jonatán y su paje de armas se unieron con el objetivo de vencer a sus enemigos. "Y su paje de armas le respondió: Haz todo lo que tienes en tu corazón; ve, pues aquí estoy contigo a tu voluntad. Dijo entonces Jonatán: Vamos a pasar a esos hombres, y nos mostraremos a ellos…"
1 Samuel 14:7-10

Así pues, también nosotros debemos tomar la posición de autoridad que nos ha sido dada como ejército de Dios y ordenemos a nuestros enemigos que huyan en el nombre de Jesucristo.
1 Samuel 14:11:16

Jesús lo dijo: "He aquí les doy potestad de hollar serpientes y escorpiones, y sobre toda fuerza del enemigo, y nada los dañará." **Lucas 10:19**

Ahora bien, ¿Qué más encontramos acerca de nuestra posición como iglesia?:

Que estamos muertos en Cristo en cuanto a los <u>rudimentos</u> del mundo.

Este término se aplica a los primeros y más sencillos principios de una ciencia, literatura o doctrina religiosa; en **Gálatas 4:3,9** y **Colosenses 2:20** se refiere a los principios rudimentarios de la religión –judía o pagana– los cuales esclavizan a la persona. En **Colosenses 2:8** se le aplica a las especulaciones filosóficas de los maestros gentiles y judíos que procuraban engañar a los creyentes por medio de filosofías y huecas sutilezas basadas en tradiciones humanas y en **hebreos. 5:12 y 6:1** se refiere al "infantilismo espiritual" que resulta de permanecer en los principios iniciales de la revelación de Dios y de la doctrina Cristiana, contra lo cual se nos exhorta para alcanzar la madurez en Cristo.

Que habiendo muerto para el mundo ahora estamos viviendo para Cristo (Efesios 2:1-5).

Estamos edificados y cimentados en él (la roca) lo cual nos da todo poder sobre el Hades (Seol, lugar de los muertos – infierno).

Mateo 16:18; Mateo 28:18-20

Lo cual nos garantiza que el consejo (su organización, etc.) de Satanás no prevalecerá ("no se impondrá o triunfará") contra la iglesia, sino que será frustrado y echado abajo.

Estamos fortalecidos con todo el poder de Dios.

Colosenses 1:11

Tenemos poder sobre toda fuerza del enemigo.

Lucas 10:19

Podemos resistir a sus ataques y combatir contra él.

Santiago. 4:7

Estamos sentados en los lugares celestiales con Cristo (lo cual nos ubica en una posición privilegiada de respaldo Divino y ejercicio de autoridad en el nombre de Jesús, "nuestro Señor").

Efesios 2:5-7,10; Efesios 1:17-23

Somos benditos en él, y llamados a bendecir.

1 Pedro 3:9b

Somos redimidos, y abundantes en sabiduría e inteligencia.

Efesios 1:7-8

Estamos seguros en él.

Colosenses 3:1-3

Tenemos acceso directo a Dios, por lo cual podemos acercarnos a él con plena confianza.

Efesios 2:18; Hebreos 4:14-16; Hebreos 10:19-2

Estamos completos en Jesucristo.

Colosenses 2:9-10

Tenemos Espíritu de poder, de amor, de dominio propio; un llamamiento santo, según el propósito y la gracia que nos dio en Cristo.

2 Timoteo 1:7-10, 12

Somos colaboradores de Dios, Ministros de reconciliación y embajadores en nombre de Cristo.

2 Corintios 6:1-10; 2Corintios 5:16-20

Somos sacerdotes de la realeza de Dios, linaje escogido, nación santa, pueblo adquirido por Dios.

1 Pedro 2:9-10

Nos ha dado todas sus promesas (Dios) en Jesucristo, también nos ha confirmado, ungido y sellado para la gloria de Dios.

2 Corintios 1:20-22

Somos más que vencedores.

Romanos 8:28-39

CAPÍTULO III

Para la intercesión eficiente también es importante que conozcamos nuestra responsabilidad como iglesia, la cual está basada principalmente en la gran comisión "la gran comisión", extender las enseñanzas de Jesús a todas las naciones de la tierra para que todos vengan al conocimiento de Dios y de su gracia redentora.

RESPONSABILIDAD DE LA IGLESIA

Conocer nuestra responsabilidad como iglesia ante la sociedad nos ayuda a desear involucrarnos en la intercesión con verdadera pasión. A continuación ilustraré este importante aspecto usando algunos verbos dinámicos, que nos demuestran que la iglesia no puede ni debe ser pasiva ante las necesidades de la humanidad.

- **Dar** a conocer el evangelio a las personas.

Dijo el apóstol Pablo: "A mí, que soy menos que el más pequeño de los santos, me fue dada esta gracia de anunciar entre los gentiles el evangelio de las inescrutables (que no se puede saber ni averiguar) riquezas de Cristo, y de aclarar a todos cual sea la dispensación del misterio escondido desde los siglos en Dios, que creó todas las cosas".

Efesios 3:8-9; 1 Corintios 1:21; Marcos 1:15-17

- **Alcanzar** a las personas para el reino de Dios, a través de su palabra y de nuestro testimonio.

Colosenses 1:9-14.

"Por lo cual también nosotros, desde el día que lo oímos (el evangelio), no cesamos de orar por ustedes, y de pedir que sean llenos del conocimiento de su voluntad en toda sabiduría e inteligencia espiritual, para que anden como es digno del Señor, agradándole en todo, llevando fruto en toda buena obra, y creciendo en el conocimiento de Dios; fortalecidos con todo poder, conforme a la potencia de su gloria, para toda paciencia y longanimidad; (grandeza y constancia de ánimo en la adversidad) con gozo dando gracias al Padre que nos hizo aptos para participar de la herencia de los santos en luz; el cual nos ha librado de la potestad de las tinieblas, y trasladado al reino de su amado Hijo, en quien tenemos redención por su sangre, el perdón de pecados".

- **Declarar** nuestra confianza y seguridad en Dios, dando a conocer su sabiduría a los ejércitos satánicos.

Efesios 3:10-12

"Para que la multiforme sabiduría de Dios sea ahora dada a conocer por medio de la iglesia a los principados y potestades en los lugares celestiales, conforme al propósito eterno que hizo en Cristo Jesús nuestro Señor, en quien tenemos seguridad y acceso con confianza por medio de la fe en él."

- **Atar** al maligno y **Desatar** a los cautivos

Mateo 18:18

Jesús dijo a sus discípulos: "En verdad les digo que todo lo que aten en la tierra, será atado en el cielo; y todo lo que desaten en la tierra, será desatado en el cielo".

Mateo 12:28-29

"Pero si yo por el Espíritu de Dios echo fuera los demonios, ciertamente ha llegado a ustedes el reino de Dios. Porque ¿cómo puede alguno entrar en la casa del hombre fuerte, y saquear su bienes, si primero no le ata? Y entonces podrá saquear su casa".

Isaías 58:6-7

"¿No es más bien el ayuno que yo escogí, desatar las ligaduras de impiedad, soltar las cargas de opresión, y dejar ir libres a los quebrantados, y que rompan todo yugo?".

2Corintios 4:4; Hechos 26:16-18
Isaías 61:1-4

"El espíritu de Jehová el Señor está sobre mí, porque me ungió Jehová; me ha enviado a predicar buenas nuevas a los abatidos, a vendar a los quebrantados de corazón, a publicar libertad a los cautivos, y a los presos apertura de la cárcel; a proclamar el año de la buena voluntad de Jehová, y el día de venganza del Dios nuestro; a consolar a todos los enlutados; a ordenar que a los afligidos de Sión se les dé gloria en lugar de ceniza, óleo de gozo en lugar de luto, manto de alegría en lugar de espíritu angustiado; y serán llamados árboles de justicia, plantío de Jehová, para gloria suya. Reedificarán las ruinas antiguas, y levantarán los asolamientos primeros, y restaurarán las ciudades arruinadas, los escombros de muchas generaciones".

- **Asaltar** (acometer una plaza o fortaleza, para apoderarse de ella) acometer repentinamente y por sorpresa a los ejércitos satánicos para arrebatarles las almas y destruir sus planes contra ellas.

2 Samuel 22:29-30.

"Tú eres mi lámpara, oh Jehová; mi Dios alumbrará mis tinieblas. Contigo desbarataré ejércitos, y con mi Dios asaltaré muros."

- **Despojar** al enemigo de todo cuanto nos pertenece, recordándole nuestra victoria en Cristo Jesús.

Colosenses 2:14-15.

"Anulando el acta de los decretos que había contra nosotros, que nos era contraria, quitándola de en medio y clavándola en la cruz, y despojando a los principados y a las potestades, los exhibió públicamente, triunfando sobre ellos en la cruz".

- **Arrancar**, [Al mundo entero, (las personas) de las manos del maligno]
1 Juan 5:19
"Sabemos que somos de Dios, y el mundo entero está bajo el maligno."
Quitar la venda (el velo) de sus ojos.

El velo de la religión: "Pero el entendimiento de ellos se embotó; porque hasta el día de hoy, cuando leen el antiguo pacto, les queda el mismo velo no descubierto, el cual por Cristo es quitado. Y aún hasta el día de hoy, cuando se lee a Moisés, el velo está puesto sobre el corazón de ellos. Pero cuando se conviertan al Señor, el velo se quitará. Porque el Señor es el Espíritu; y donde está el Espíritu del Señor, allí hay libertad".
2 Corintios 3:14-17
El velo de la incredulidad: "Pero si nuestro evangelio está aún encubierto, entre los que se pierden está encubierto; a los cuales el dios de este siglo cegó el entendimiento de los incrédulos, para que no les resplandezca la luz del evangelio de la gloria de Cristo, el cual es la imagen de Dios".
2 Corintios 4:3-4
El velo de la ignorancia: Pablo exhortó a los Efesios en cuanto a salir del estado de ignorancia, en el sentido del conocimiento de Dios y sus propósitos para

nuestras vidas. "Esto, pues, digo y requiero en el Señor: Que ya no anden como los gentiles, que andan en la vanidad de su mente, teniendo el entendimiento entenebrecido, ajenos de la vida de Dios por la ignorancia que en ellos hay, por la dureza de su corazón; los cuales, después que perdieron toda sensibilidad, se entregaron a la lascivia para cometer con avidez toda clase de impureza".

Efesios 4:17-19; Efesios 1:15-23

Así también, en la carta a los Romanos capítulo 1 desde el versículo 18 hasta el 32 encontramos la triste condición del hombre y su culpabilidad ante los ojos de Dios, por haber cambiado la verdad de Dios por la mentira, dejando de honrar al Señor y dando culto y honra a cualquier cosa creada antes que al creador. (Se describe al hombre con una mente entenebrecida; llena de tinieblas, en total estado de ignorancia acerca de Dios).

-   **Destruir, arruinar, derribar** todo lo que el enemigo ha sembrado o construido en la mente de las personas para mantenerlos cautivos y alejados de Dios, y en lugar de eso edificarlos, plantando la palabra de Dios para arrepentimiento y salvación.

Jeremías 1:9-10

"Y extendió Jehová su mano y tocó mi boca, y me dijo Jehová: He aquí he puesto mis palabras en tu boca. Mira que te he puesto en este día sobre naciones y sobre reinos, para arrancar y para destruir, para arruinar y para derribar, para edificar y para plantar".

2 Corintios 10:4-5

"Porque las armas de nuestra milicia no son carnales, sino poderosas en Dios para la destrucción de fortalezas, derribando argumentos y toda altivez que se levanta contra el conocimiento de Dios, y llevando cautivo todo pensamiento a la obediencia a Cristo".

- **Recoger el <u>botín</u>** (lo que se toma de una enemigo vencido).

Números 31:1-53 relata acerca de la venganza de Israel contra Madian y cómo regresaron al final de la guerra cargando el botín (El botín consistía en todo lo que poseían los madianitas y de lo cual fueron despojados: Oro, plata, bronce, hierro, estaño y plomo, animales, mujeres y niños).

2 Crónicas 20:25,29; Isaías 49:24-25

Nuestro botín vendría a estar representado por todo cuanto nos ha dado Jehová Dios como nuestra bendición y de lo cual Satanás ha insistido en apropiarse: Salud, familia, finanzas, bienes materiales, etc.

"¿Será quitado el botín al valiente? ¿Será rescatado el cautivo de un tirano? Pero así dice Jehová: Ciertamente el cautivo será rescatado del valiente, y el botín será arrebatado al tirano; y tu pleito yo lo defenderé, y yo salvaré a tus hijos". Isaías 49:24, 25.

- **Proclamar** el poder de Dios sobre las circunstancias (o sobre nuestros enemigos).

Cuando David enfrentó a Goliat, (un guerrero filisteo de extraordinaria estatura) no miró sus desventajas para dicho enfrentamiento, él solo confió en lo que representaba para él su Dios a quien servía, por lo cual desafió a su enemigo dándole a conocer que: Su cobertura venía de Jehová, la batalla era de él, la victoria le sería dada y declaró también a Goliat que su destino final sería la derrota, la vergüenza y la muerte. "Entonces David dijo al filisteo: Tú vienes a mí con espada y lanza y jabalina; mas yo vengo a ti en el nombre de Jehová de los ejércitos, el Dios de los escuadrones de Israel, a quien tú has provocado. Jehová te entregará hoy en mi mano, y yo te venceré, y te cortaré la cabeza, y daré hoy los cuerpos de los filisteos a las aves del cielo y a las bestias de la tierra; y toda la tierra sabrá que hay Dios en Israel. Y Sabrá toda esta congregación que Jehová no salva con espada y con lanza; y él los entregará en nuestras manos".

1 Samuel 17:45-47; 2Corintios 4:18; Romanos 8:26-28,31-39.

- **Derribar,** todo aquello que, en la mente del hombre, sea contrario a la palabra de Dios, lo cual le imposibilita de comprender el propósito de Dios para su vida. (Estructuras y fortalezas mentales: argumentos, imaginaciones, altiveces, pensamientos, ideas o ideologías, conceptos, prejuicios religiosos, políticos, sociales o raciales; fanatismo, incredulidad, "Conocimientos" contrarios a Dios) y ayudarle a renovar su entendimiento.

2 Corintios 10:3-5; Hebreos 4:12-13; Lucas 6:44-45; Mateo 12:34; Romanos 12:2; Filipenses 4:7-8

- **Orar,** y trabajar como colaboradores de Dios (2 Corintios 6:1), para que el orden divino sea establecido en la tierra.

Jesús dijo a sus discípulos "Cuando oren, digan: Padre nuestro que estás en los cielos, santificado sea tu nombre. Venga tu reino. Hágase tu voluntad, como en el cielo, así también en la tierra" (**Lucas 11: 2**)

Romanos 8:19-21

"Porque el anhelo ardiente de la creación es el aguardar la manifestación de los hijos de Dios. Porque la creación fue sujeta a vanidad, no por su propia voluntad, sino por causa del que la sujetó en esperanza. Porque también la creación misma será libertada de la esclavitud de corrupción, a la libertad gloriosa de los hijos de Dios".

- Realizar actos y declaraciones proféticas sobre personas, pueblos y naciones declarándoles libres y en victoria por el poder de Jesucristo.

Romanos 14:11

"Porque escrito está: Vivo yo, dice el Señor, que ante mí se doblará toda rodilla, y toda lengua confesará a Dios".

El profeta Eliseo antes de morir, instruyó al rey Joás acerca de cómo declarar la derrota de sus enemigos, mediante actos proféticos.

"Estaba Eliseo enfermo de la enfermedad de que murió. Y descendió a él Joás, rey de Israel, y llorando delante de él, dijo: Padre mío, carro de Israel y su gente de a caballo (buscó el consejo del profeta al ver que se acercaban los ejércitos enemigos). Y le dijo Eliseo: Toma un arco y unas saetas, tomó el entonces un arco y unas saetas. Luego dijo Eliseo al rey de Israel: Pon tu mano sobre el arco. Y puso él su mano sobre el arco. Entonces puso Eliseo sus manos sobre las manos del rey, y dijo: Abre la ventana que da al oriente. Y cuando él la abrió, dijo Eliseo: Tira, y tirando él, dijo Eliseo:

Saeta de salvación de Jehová, y saeta de salvación contra Siria; porque herirás a los sirios en Afec hasta consumirlos.

Y le volvió a decir: Toma las saetas, y luego que el rey de Israel las hubo tomado, le dijo: Golpea la tierra, y él la golpeó tres veces, y se detuvo. Entonces el varón de Dios, enojado contra él, le dijo: Al dar cinco o seis golpes, hubieras derrotado a Siria hasta no quedar ninguno; pero ahora solo tres veces derrotarás a Siria".

2 Reyes 13:14-19; Ezequiel 4:1-4; Hechos 21:10-11

Podemos realizar actos proféticos mediante la organización de caminatas o marchas en las ciudades, tomando posesión de los lugares o territorios que han estado ocupados por satanás y sus demonios; lugares donde no se ha dado a conocer el evangelio o han ofrecido resistencia a la predicación de la palabra de Dios.

Josué 1:3,11; Josué 6:1-5

- **Celebrar** la victoria de Cristo.

*Nuestra vida debe reflejar la victoria de Cristo (**1 Juan 5:4-5**), una celebración permanente por lo que él ha hecho y hará en favor nuestro; toda reunión o actividad en la cual participemos, en su nombre, debe ser realizada con agrado, con júbilo, regocijo, agradecimiento, siempre exaltando la grandeza de su poder y de su reino.*

1 Corintios 15:57-58

"Mas gracias sean dadas a Dios, que nos da la victoria por medio de nuestro Señor Jesucristo. Así que, hermanos míos, amados, estén firmes, y constantes, creciendo en la obra del Señor siempre, sabiendo que vuestro trabajo en el Señor no es en vano".

"Mas a Dios gracias, el cual siempre nos lleva en triunfo en Cristo Jesús, y por medio de nosotros manifiesta en todo lugar el olor de su conocimiento".

2 Corintios 2:14; Salmo 144:9-10; Salmo 18:46-50
Salmo 145:1-13

"Te exaltaré, mi Dios, mi Rey, y bendeciré tu nombre eternamente y para siempre. Cada día te bendeciré, y alabaré tu nombre eternamente y para siempre. Grande es Jehová y digno de suprema alabanza; y su grandeza es inescrutable. Generación a generación celebrará tus obras, y anunciará tus poderosos hechos. En la hermosura de la gloria de tu magnificencia, y en tus hechos maravillosos meditaré. Del poder de tus hechos estupendos hablarán los hombres, y yo publicaré tu grandeza. Proclamarán la memoria de tu inmensa bondad y cantarán tu justicia".

- **Entrenar, capacitar, adiestrar** a todos los santos (los creyentes) para que cumplan su llamado usando de manera efectiva sus dones y talentos, tomando como clave la organización para la realización del trabajo, pues, aunque somos un cuerpo con muchos miembros, la tarea es ardua.

"Y él mismo constituyó a unos, apóstoles; a otros, profetas; a otros, evangelistas; a otros pastores y maestros, a fin de perfeccionar a los santos para la obra del ministerio, para la edificación del cuerpo de Cristo. Hasta que todos lleguemos a la unidad de la fe y del conocimiento del Hijo de Dios, a un varón perfecto, a la medida de la estatura de la plenitud de Cristo; para que ya no seamos niños fluctuantes, llevados por doquiera de todo viento de doctrina, por estratagema (ardid, astucia, fingimiento) de hombres que para engañar emplean con astucias las artimañas del error, sino que siguiendo la verdad en amor, crezcamos en todo en aquel que es la cabeza, esto es, Cristo de quien todo el cuerpo, bien concertado y unido entre sí por todas las coyunturas que se ayudan mutuamente, según la actividad propia de cada miembro, recibe su crecimiento para ir edificándose en amor".

Efesios 4:11-16; 1Corintios 12; Lucas 10:1-2

CAPÍTULO IV

Las declaraciones proféticas consisten en anunciar, proclamar la palabra profética sobre las personas y circunstancias. No están sujetas a la voluntad humana sino al cumplimiento de lo que Dios ya ha revelado en su palabra, por eso es necesario conocer las sagradas escrituras y mantener la comunión con Dios para recibir la inspiración del Espíritu Santo. Un ejemplo claro lo encontramos en el libro de Ezequiel 37, donde el profeta por revelación divina, declara vida sobre unos huesos secos y estos tomaron vida.

ALGUNOS EJEMPLOS DE DECLARACIONES PROFÉTICAS

Salmo 22:28 De Jehová es el reino, y el regirá las naciones.

Salmo 96:10-13 Jehová reina… el mundo no será conmovido porque él lo afirmó; juzgará a los pueblos en justicia… alégrense los cielos gócese la tierra; brame el mar y su plenitud. Regocíjese el campo, y todo lo que en él está. Todos los árboles del bosque rebosarán de contento… delante de Jehová que vino a juzgar al mundo con justicia y a los pueblos con su verdad.

Salmo 97:2-12 Justicia y juicio son el cimiento de su trono. Fuego irá delante de él y abrasará a sus enemigos a su alrededor. Sus relámpagos alumbraron el mundo; La tierra vio y se estremeció. Los montes se derritieron como cera delante de Jehová, delante del Señor de toda la tierra. Los cielos anunciaron su justicia, y todos los pueblos vieron su gloria. Avergüéncense todos los que sirven a las imágenes de talla, los que se glorían en los ídolos. Póstrense a él todos los dioses… porque Jehová es excelso sobre la tierra; es muy exaltado sobre todos los dioses.

Salmo 145: 10-13
Te alaban, Jehová, todas tus obras, y tus santos te bendicen.
La gloria de tu reino declaramos, y hablamos de tu poder, para hacer saber a los hijos de los hombres tus

poderosos hechos, y la gloria de la magnificencia de tu reino.

Tu reino es reino de todos los siglos, y tu Señorío en todas las generaciones.

Daniel 4: 17. ...El altísimo gobierna el reino de los hombres, y a quien él quiere lo da...

Jeremías 33: 6-11... Jehová traerá sanidad y medicina, y los curará, y les revelará abundancia de paz y de verdad. Y hará volver a los cautivos de su pueblo y los restablecerá, como al principio. Y los limpiará de toda su maldad con que pecaron contra él, y que contra él se revelaron. Y les serán a él por nombre de gozo, de alabanza y de gloria, entre todas las naciones de la tierra, que habrán oído todo el bien que él les hace; y temerán y temblarán de todo el bien y de toda la paz que él le dará... se oirá voz de gozo y de alegría, voz de desposado, voz de desposada, voz de los que digan: "Alabad a Jehová de los ejércitos, porque Jehová es bueno, porque para siempre es su misericordia"; voz de los que traigan ofrenda de acción de gracias a la casa de Jehová. Porque volverá a traer los cautivos de la tierra.

Hechos 3: 21 Todas las cosas serán restauradas como habló Dios por boca de sus santos profetas que han sido desde tiempos antiguos.

Romanos 8: 21... La creación misma será libertada de la esclavitud de corrupción, a la libertad gloriosa de los hijos de Dios...

Isaías 58: 11, 12 …Jehová nos pastoreará siempre, y en las sequías saciará nuestra alma, y dará vigor a nuestros huesos; y seremos como huerto de riego y como manantial de aguas, cuyas aguas nunca faltan. Edificaremos las ruinas antiguas; levantaremos los cimientos de generación en generación, y seremos llamados restauradores de portillos, restauradores de calzadas para habitar.

Isaías 61: 1-4 Por el Espíritu de Jehová son vendados los quebrantados de corazón, son consolados los enlutados, los afligidos recibirán gloria en lugar de ceniza, óleo de gozo en lugar de luto, manto de alegría en lugar del espíritu angustiado y serán llamados árboles de justicia, plantío de Jehová… levantarán los asolamientos primeros, y restaurarán las ciudades arruinadas, los escombros de muchas generaciones.

Efesios del 1: 3-9; 11-12; 17-23

En Cristo, somos bendecidos, con toda bendición espiritual en los lugares celestiales, escogidos para ser santos y si manchas delante de él, en amor, adoptados como hijos suyos…para alabanza de la gloria de su gracia, con la cual nos hizo aceptos en el amado, en él tenemos redención por su sangre, el perdón de pecados, según la riqueza de su gracia, Que hizo sobreabundar para con nosotros en toda sabiduría e inteligencia, dándonos a conocer el ministerio de su voluntad, según su beneplácito…

En el asimismo tenemos herencia… somos para alabanza de su gloria… tenemos espíritu de sabiduría y de revelación en el conocimiento de él… tenemos autoridad en él, sobre todo principado y autoridad y poder y señorío y sobre todo nombre que se nom-

bra, no solo en este siglo, sino también en el venidero... Somos la iglesia de Jesucristo, la plenitud de Dios.

Salmo 119: 89,90 La palabra de Jehová permanece en los cielos; de generación en generación es su fidelidad; él afirmó la tierra, y subsiste. Por su ordenación subsisten todas las cosas hasta hoy, pues todas ellas le sirven.

Isaías 55:10-13... como desciende de los cielos la lluvia y la nieve, y no vuelve allá, sino que riega la tierra, y la hace germinar y producir, y da semilla al que siembra, y pan al que come, así será la palabra que sale de la boca de Jehová; no volverá a él vacía, si no que hará lo que él quiere, y será prosperada en aquello para que la envíe.

Porque con alegría saldremos, y con paz seremos vueltos; los montes y los collados levantarán canción delante de nosotros, y todos los árboles del campo darán palmadas de aplauso. En lugar de zarza crecerá cipreses, y en lugar de ortiga crecerá arrayan; y será a Jehová por nombre, por señal eterna que nunca será raída.

Colosenses 2:1-3... serán consolados los corazones, unidos en amor, hasta alcanzar todas las riquezas de pleno entendimiento, para conocer el ministerio de Dios el padre, y de Cristo, en quien están escondidos todos los tesoros de la sabiduría y del conocimiento.

Efesios 1:3 Bendecimos a nuestro Dios y Padre de nuestro Señor Jesucristo, quien nos bendijo con toda bendición espiritual en los lugares celestiales.

Colosenses 2:14-15 Jesucristo anuló el acta de los decretos que había contra nosotros, que nos era contraria, quitándola de en medio y clavándola en la cruz, y despojando a los principados y a las potestades, los exhibió públicamente, triunfando sobre ellos en la cruz.

Colosenses 2:9-10... En Cristo habita corporalmente toda la plenitud de la deidad, y nosotros estamos completos en él, que es la cabeza de todo principado y potestad.

1 Pedro 3:22 A Jesucristo están sujetos los ángeles, las autoridades y potestades.

Salmo 72:2-9; 11-14; 17-19

Él juzgara a su pueblo con justicia, y a sus afligidos con juicio...

Juzgará a los afligidos del pueblo, salvará a los hijos del menesteroso, y aplastará al opresor.

Le temerán mientras duren el sol y la luna, de generación en generación.

Él descenderá como la lluvia sobre la hierba cortada; como el roció que destila sobre la tierra.

Florecerá en sus días justicia, y muchedumbre de paz, hasta que no haya luna.

Dominará de mar a mar, y desde el rio hasta los confines de la tierra.

Ante él se postrarán los moradores del desierto, y sus enemigos lamerán el polvo...

Todos los reyes se postrarán delante de él, todas las naciones le servirán.

Porque él librará al menesteroso que clamare, y al afligido que no tuviere quien lo socorra.

Tendrá misericordia del pobre y del menesteroso, y salvará la vida de los pobres.

De engaño y de violencia redimirá sus almas, y la sangre de ellos será preciosa ante sus ojos...

Será su nombre para siempre, se perpetuará su nombre mientras dure el sol.

Bendito Jehová Dios, el Dios de Israel, el único que hace maravillas.

Bendito su nombre glorioso para siempre, y toda la tierra sea llena de su gloria. Amén y Amén.

CAPÍTULO V

La intercesión profética no es solo para los que poseen el don de profecía o el ministerio profético, todos los creyentes estamos llamados a interceder por los demás, declarando sobre ellos lo que ya está profetizado en la palabra de Dios, es un deber y un privilegio.

INTERCESORES EN LA BIBLIA

Abraham (a favor de Sodoma cuando Dios decidió destruirla por sus pecados) Génesis 18:16-33.

Moisés (a favor de Israel, cuando provocaron la ira de Dios haciendo un becerro de oro para adorarlo) Éxodo 32:11-14

Samuel (a favor del pueblo, para que los guardara de los filisteos) 1 Samuel 7

Elías (a favor del pueblo rebelde; para que el Señor se manifieste y convierta el corazón del pueblo) 1 Reyes 18:36-46

Isaías y Ezequías (frente a las amenazas de Asiria) Isaías 37:5-38

Daniel (a favor de su pueblo durante el destierro) Daniel 9:1-19

Esdras (a favor del pueblo que se había contaminado con costumbres paganas) Estdras 9:5-15

Nehemías (a favor de Jerusalén, en el tiempo en que fue derribado el muro) Nehemías 1:5-11

Amós (a favor del pueblo para que Dios no les castigara por sus faltas a la justicia e infidelidades) Amós 7:1-3

Jesucristo (el Gran Sumo Sacerdote, el mediador de un nuevo pacto para que los llamados reciban la promesa de la herencia eterna) Hebreos 4:14-16; Hebreos 9:15

Pablo (a favor de los creyentes para que se afirmaran en la fe) Efesios 1:15-19; Filipenses 1:3-11

CONCLUSIONES

Los tres aspectos fundamentales para la intercesión profética son:

La oración.

La palabra de Dios.

La alabanza.

Para la intercesión profética es necesario conocer la palabra de Dios por cuanto esta es la profecía más segura.

Cuando intercedemos en oración debemos declarar la palabra de Dios sobre la situación por la cual oramos. Dios siempre es fiel a su palabra, Él cumple lo que ha prometido. Si hacemos declaraciones proféticas "sin conocer la palabra de Dios" podríamos estar declarando fábulas, falacias y hasta herejías; cuando hacemos oración intercesora no estamos solos, Jesucristo también está intercediendo junto a nosotros, recordemos que Él es el Gran Sumo Sacerdote designado por el Padre para abogar por todos los que nos acercamos a Él creyendo.

La intercesión es el resultado de una relación íntima con el Señor, es encontrarse con Él para pedir su auxilio con la seguridad de obtener su respaldo, la intercesión profética debe ir acompañada de la alabanza a Dios porque a través de ella se invita al Señor a tomar el control de nuestra vida y de nuestro entorno, permitiendo que Él se manifieste en una forma poderosa sobrenatural, además es una potente arma de guerra espiritual, finalmente no olvidemos la acción de gracias, agradecer

a Dios por la respuesta a la oración es manifestar en fe
que ya la hemos recibido.

OTRAS PUBLICACIONES DE
LA AUTORA

SANIDAD INTERIOR

Quien lea este libro con verdadera dedicación no puede quedar indiferente ante la magna tarea de proclamar el evangelio a todo el mundo, porque estoy segura de que cada lector recibirá ineludiblemente sanidad para su alma, lo cual solo viene cuando la Gloriosa Palabra de Dios entra hasta lo más profundo de nuestro ser.

LIBRE DE OPRESIÓN MENTAL

Este libro contiene un profundo estudio antropológico que ha permitido a la autora comprender al distintas circunstancias a las que se enfrenta el individuo dentro de la sociedad, donde se ve envuelto en distintas circunstancias que lo llevan a enfrentarse a un conflicto interno, del cual parece difícil salir; sin embargo, en este libro se aportan soluciones ante estos problemas. La migración, la familia, la escuela, los grupos religiosos y demás entornos que forman parte de fenómenos culturales y sociales, son los responsables de oprimir la mente del hombre, impidiendo encontrar su paz, siendo esta el elemento que su busca hallar como fin último, a través del encuentro con Dios, sin caer en fanatismos religiosos.

Se trata de un estudio serio y, sin duda, un libro imprescindible que se convertirá en la guía de cabecera para afrontar y entender el porqué de las cosas. Asimismo, se convertirá en la guía para liberarse de aquello que nos oprime.